GUIDE DES CANDIDATS

AUX EMPLOIS DE

COMMISSAIRE DE POLICE

DE

COMMISSAIRE OU D'INSPECTEUR SPÉCIAL

DE LA POLICE DES CHEMINS DE FER

CONFORME AUX INSTRUCTIONS CONTENUES
DANS L'ARRÊTÉ MINISTÉRIEL DU 15 JUILLET 1896

5° ÉDITION

PARIS

HENRI CHARLES-LAVAUZELLE

Editeur militaire

11, Place Saint-André-des-Arts, 11

(Même maison à Limoges.)

1897

GUIDE DES CANDIDATS

AUX EMPLOIS DE

COMMISSAIRE DE POLICE

DE

COMMISSAIRE OU D'INSPECTEUR SPÉCIAL

DE LA POLICE DES CHEMINS DE FER

CONFORME AUX INSTRUCTIONS CONTENUES
DANS L'ARRÊTÉ MINISTÉRIEL DU 15 JUILLET 1896

5° ÉDITION

PARIS

Henri CHARLES-LAVAUZELLE

Editeur militaire

11, place Saint-André-des-Arts, 11

(Même maison à Limoges.)

—

1897

GUIDE DES CANDIDATS

AUX EMPLOIS DE

COMMISSAIRE DE POLICE

DE

COMMISSAIRE OU D'INSPECTEUR SPÉCIAL

DE LA POLICE DES CHEMINS DE FER

Conforme aux Instructions contenues
dans l'Arrêté ministériel du 15 juillet 1896.

---

§ I

Conditions générales exigées des candidats.

Nul ne peut être appelé aux fonctions de commissaire de police, de commissaire ou d'inspecteur spécial de la police des chemins de fer, s'il n'a été porté sur une liste d'admissibilité dressée par le Ministre de l'intérieur, à la suite d'un concours, conformément aux dispositions de l'arrêté ministériel du 15 juillet 1896.

Les candidats ne pourront se présenter

aux examens ni avant 25 aus ni après 40 ans.

La liste des demandes parvenues au ministère de l'intérieur sera close, chaque année, le 1er décembre.

§ II

Centres d'examen.

Les examens écrits ont lieu, chaque année, à Paris, au ministère de l'intérieur, et au chef-lieu de chaque département, à l'hôtel de la préfecture.

Les examens oraux ont lieu ensuite à des dates qui sont portées en temps utile à la connaissance des candidats déclarés admissibles.

Des commissions pour les examens oraux seront constituées dans les villes ci-après désignées :

A Lille, pour les départements du Nord, du Pas-de-Calais, de la Somme, de l'Aisne et des Ardennes ;

A Nancy, pour les départements de Meurthe-et-Moselle, de la Meuse, des Vosges et de la Marne ;

A Dijon, pour les départements de la Côte-d'Or, du Doubs, de la Haute-Saône, du Jura, du Haut-Rhin, de Saône-et-Loire. de la Nièvre, de l'Yonne, de l'Aube et de la Haute-Marne ;

A Grenoble, pour les départements de l'Isère, de la Drôme, des Hautes-Alpes, de l'Ardèche, de la Loire, du Rhône, de l'Ain, de la Savoie et de la Haute-Savoie ;

A Marseille, pour les départements des Bouches-du-Rhône. du Var, des Alpes-Maritimes, des Basses-Alpes, de Vaucluse, du Gard, de l'Hérault, de la Corse ;

A Toulouse, pour les départements de la Haute-Garonne, de l'Ariège, du Tarn, de Tarn et-Garonne, des Pyrénées Orientales, des Hautes-Pyrénées. du Gers, de l'Aveyron, du Lot et de l'Aude ;

A Bordeaux, pour les départements de la Gironde, de la Dordogne, de Lot-et-Garonne, des Landes et des Basses-Pyrénées ;

A Poitiers, pour les départements de la Vienne, des Deux-Sèvres, de la Vendée, de la Charente, de la Charente-Inférieure, d'Indre-et-Loire, de l'Indre, du Cher, de Loir-et-Cher et de la Haute-Vienne ;

A Rennes, pour les départements d'Ille-et-Vilaine, de la Loire-Inférieure, du Morbihan, du Finistère, des Côtes-du-Nord, de Maine-et-Loire et de la Mayenne ;

A Caen, pour les départements du Calvados, de l'Orne, de la Manche, de la

Sarthe, de la Seine-Inférieure et de l'Eure;

A Paris, pour les départements de la Seine, de Seine-et-Oise, d'Eure-et-Loir, de Seine-et-Marne, du Loiret et de l'Oise;

A Clermont-Ferrand, pour les départements du Puy-de-Dôme, de l'Allier, du Cantal, de la Haute-Loire, de la Corrèze, de la Creuse et de la Lozère.

§ III

Pièces à fournir.

Les candidats devront adresser au Ministre de l'intérieur, avant le 1er décembre :

1º Une demande d'emploi, dans laquelle ils indiqueront s'ils connaissent une ou plusieurs langues étrangères ;

2º Une expédition authentique de leur acte de naissance ;

3º Un certificat établissant qu'ils possèdent la qualité de Français ;

4º Un certificat de moralité, délivré par le maire de la résidence et dûment légalisé :

5º Un extrait du casier judiciaire ;

6º Un certificat de médecin, dûment légalisé, constatant que les candidats sont de bonne constitution et exempts de toute infirmité les rendant impropres à faire un service actif ;

7° L'acte constatant qu'ils ont satisfait à la loi sur le recrutement ;

8° Des attestations faisant connaître les antécédents des candidats et les études auxquelles ils se sont livrés ;

9° Des états de services, diplômes, certificats, etc., qui auraient pu leur être délivrés, ou des copies de ces pièces, dûment certifiées.

§ ·IV

Réunion et composition des commissions d'examen.

Chaque préfet arrêtera, pour son département, d'après l'avis du Ministre de l'intérieur, la liste des candidats ; il avisera ceux-ci, en temps utile, de la date fixée pour l'examen écrit.

Dans le département de la Seine, le préfet de police sera chargé de dresser la liste des candidats et de leur donner l'avis dont il s'agit.

Les commissions d'examen pour les épreuves orales seront composées, à Paris et dans les centres désignés :

Du préfet du département siège de la commission, président ;

Du délégué du directeur de la Sûreté générale, vice-président, président de droit en l'absence du préfet ;

D'un conseiller de préfecture délégué par le préfet ;

Du procureur de la République ou de son substitut ;

De l'inspecteur d'académie ou d'un inspecteur primaire ;

D'un ou plusieurs professeurs de langues étrangères.

La commission désignera son secrétaire.

Les préfets des départements feront désigner et convoqueront, en temps utile, les membres de la commission.

§ V

Dispositions relatives à l'examen à subir.

Nul ne peut être admis plus de trois fois aux épreuves du concours.

Pour être admis à subir une deuxième ou une troisième épreuve, tout candidat devra adresser au Ministre de l'intérieur, avant le 1er décembre, une nouvelle demande, dans laquelle il indiquera la date et le lieu où il aura passé son dernier examen.

Seront dispensés de l'examen les candidats munis du diplôme de licencié en droit.

Les sous-officiers des armées de terre ou de mer qui se trouvent dans les conditions

prescrites par la loi du 18 mars 1889 (1),
pour obtenir des emplois civils, continueront à subir l'examen, suivant le mode
déterminé par le décret du 28 octobre
1874, portant règlement d'administration
publique.

Le concours est divisé en deux parties :
l'épreuve écrite et l'épreuve orale.

L'épreuve orale est publique.

Le candidat ne peut être admis aux

-----

(1) *Loi du 18 mars 1889, relative au rengagement des sous-officiers*, modifiée par les lois des
6 janvier 1892, 25 juillet 1893, 13 juillet 1894 et
6 février 1897. (6e édition, 1897, annotée. — In-8o,
92 p., 0 fr. 75. (Henri Charles-Lavauzelle, éditeur.)

MINISTÈRE DE LA GUERRE. — *Emplois civils*
(édition mise à jour des textes en vigueur jusqu'au 1er août 1896). — In-8o, 210 p., br., 1 fr. 50;
rel., 2 fr. 25. (Henri Charles-Lavauzelle, éditeur.)

Décret du 4 juillet 1890, portant règlement d'administration publique et relatif aux emplois réservés aux anciens sous-officiers des armées de
terre et de mer (2e édition). — In-8o, 32 p., 0 fr. 30.
(Henri Charles-Lavauzelle, éditeur.)

*Décret du 28 janvier 1892, portant règlement
d'administration publique et relatif aux emplois
réservés aux anciens militaires gradés* comptant
au moins cinq ans de services. Tableau des emplois joint au décret. — In-8o, 76 p., 0 fr. 50.
(Henri Charles-Lavauzelle, éditeur.)

*Lois et décisions concernant les sous-officiers,
caporaux, brigadiers et soldats rengagés ou commissionnés* (4o édition, annotée). — In-8o, 388 p.,
3 francs. (Henri Charles-Lavauzelle, éditeur.)

épreuves orales que s'il a subi avec succès les épreuves écrites.

§ VI

Programme de l'examen

L'examen porte sur les matières suivantes :

1° Epreuve écrite :

1° Rédaction d'un procès-verbal ou d'un rapport sur une affaire de service.

Le sujet de la composition sera le même pour tous les candidats; il sera choisi par le directeur de la Sûreté générale et envoyé sous pli cacheté à MM. les préfets, pour le jour même de l'examen. Il devra être traité en trois heures, sans le concours d'aucune espèce de livre.

Le préfet déléguera le secrétaire général de la préfecture ou un conseiller de préfecture pour dicter le sujet de la composition et surveiller le travail des candidats. Le pli cacheté, contenant le sujet de la composition, sera ouvert par ce fonctionnaire délégué, en présence des candidats, au moment fixé pour l'épreuve.

Ce fonctionnaire dressera un procès-verbal de l'épreuve et le remettra, avec les compositions, au préfet, qui enverra ces pièces, le jour même de cette épreuve, au ministère de l'intérieur (Direction de la Sûreté générale).

A Paris, les candidats seront surveillés par un ou plusieurs fonctionnaires désignés par M. le directeur de la Sûreté générale.

Les candidats qui auront déclaré connaître une ou plusieurs langues étrangères seront tenus de faire, le même jour et dans la même séance, un thème relatif à la langue ou aux langues étrangères indiquées. Une demi-heure sera accordée pour chaque langue. Les candidats ne pourront se servir d'aucun livre, dictionnaire ou grammaire.

Quatre notes sont données pour l'épreuve écrite, savoir :

	Valeur relative.
1o Pour l'écriture (1)	1
2o Pour l'orthographe (2)	1
3o Pour la rédaction	3
4o Pour les langues étrangères	1

---

(1) *Modèles d'écritures* en tous genres. — Carnet complet très soigné, 1 fr. 50.

(2) *Grammaire et composition française.* — In-18, 324 p., 2 francs.. (Henri Charles-Lavauzelle, éditeur.)

Nouvelle grammaire française, avec nombreux exercices d'orthographe, de syntaxe et de ponctuation, par Noël et Chapsal. — In-8o, 220 p., cart., 1 fr. 50.

2° *Epreuve orale.*

I. — Arithmétique (1) : Numération décimale. Addition, soustraction, multiplication, division. Preuve de ces opérations. Nombres décimaux. Fractions. Système légal des poids et mesures (valeur relative) **2**

II. — Histoire et géographie (2) : Notions

---

(1) *Arithmétique et système métrique.* — In-18 de 230 p., 1 fr. 60. (Henri Charles-Lavauzelle, éditeur.)

Cours d'arithmétique. — In-18 de 82 p., 1 fr. 50. (Henri Charles-Lavauzelle, éditeur.)

(2) *Histoire militaire.* — Cours préparatoire du ministère de la guerre, avec 12 cartes en couleurs. — In-18, 246 p., 4 fr. 50. (H. Charles-Lavauzelle, éditeur.)

Etude sommaire des campagnes d'un siècle, par le capitaine Ch. Romagny, professeur de tactique et d'histoire à l'Ecole militaire d'infanterie.

Campagne de 1792 et de 1806. — Un vol. (4 cartes).
— 1800. — Un volume (4 cartes).
— 1805. — Un volume (2 cartes).
— 1809. — Un volume (3 cartes).
— 1812. — Un volume (5 cartes).
— 1813. — Un volume (4 cartes).
— 1814. — Un volume (1 carte).
— 1815. — Un volume (1 carte).
— *Crimée.* — Un vol. (3 cartes).
— 1859. — Un volume (1 carte).
— 1866. — Un volume (4 cartes).
— 1877-78. — Un volume (3 cartes).

Douze volumes in-32, brochés, l'un, 0 fr. 50; re-

sommaires d'histoire de France. Géographie physique de la France. Frontières maritimes et continentales. Chaînes de

---

liés pleine toile, 0 fr. 75. (H. Charles-Lavauzelle, éditeur.)

Memento chronologique de l'histoire militaire de la France, par le capitaine Ch. Romagny, professeur de tactique et d'histoire à l'Ecole militaire d'infanterie. — In-18, 316 p., 4 francs. (H. Charles-Lavauzelle, éditeur.)

Tableaux d'histoire à l'usage des sous-officiers candidats aux écoles militaires de Saint-Maixent, Saumur, Versailles et Vincennes, par Noël Lacolle, lieutenant d'infanterie, officier d'académie. — In-18 de 144 pages, 2 fr. 50. (Henri Charles-Lavauzelle, éditeur.)

Histoire militaire de la France, depuis les origines jusqu'en 1871, par Emile Simond, capitaine au 28e de ligne. — Quatre volumes in-32, brochés, l'un 0 fr. 75 ; reliés toile anglaise, l'un 0 fr. 75. (Henri Charles-Lavauzelle, éditeur.)

Précis historique des campagnes modernes. Ouvrage accompagné de 36 cartes du théâtre des opérations, à l'usage de MM. les candidats aux diverses écoles militaires. — In-18, 224 p., 3 fr. 50. (Henri Charles-Lavauzelle, éditeur.)

Géographie, avec 14 cartes. — In-18, 174 p., 3 francs. (Henri Charles-Lavauzelle, éditeur.)

Le monde moins la France (Atlas de géographie moderne), par G. Pauly et R. Haussermann, contenant 38 cartes en chromolithographie, 7 couleurs ; le texte est en regard de chacune des cartes. — In-4o, cart., 2 fr. 10.

La France et ses colonies (Atlas de géographie

III. — Notions de droit pénal : Du délit en général. Définitions et distinctions des crimes, délits et contraventions. Tentative et commencement d'exécution. Des peines en matière criminelle et correctionnelle et de leurs effets. Notions sur la culpabilité et la non-culpabilité. Eléments constitutifs du délit. Circonstances aggravantes. Excuses. Circonstances atténuantes. Complicité. Connexité. Auteurs. Coauteurs. Complices. Des faux commis dans les passeports, feuilles de route et certificats. De la corruption des fonctionnaires publics. Des abus d'autorité contre les particuliers. Rébellion, outrages et violences contre les dépositaires de l'autorité et de la force publique. Dégradation des monuments. Vagabondage et mendicité.

---

moderne) par G. Pauly et R. Haussermann (nouvelle édition), contenant 67 cartes en chromolithographie. — In-4º, cart., 3 fr. 15.

Atlas universel de géographie moderne, par G. Pauly et R. Haussermann, contenant 120 cartes en chromolithographie, 7 couleurs. — In-4º, cart., 6 francs.

Délits commis par voie d'écrits, images et gravures. Des associations et réunions illicites. Meurtres. Menaces. Blessures et coups volontaires ou involontaires. Attentats aux mœurs. Arrestations illégales. Faux témoignage. Calomnies. Injures. Vols. Escroquerie. Abus de confiance. Infractions commises par les expéditeurs et par les voyageurs. Destructions. Dégradations. Dommages. Peines de police (1) (valeur relative) 3

IV. — Notions d'instruction criminelle. Action publique et action civile. Délits commis sur le territoire et hors du territoire.

---

(1) *Nouveaux Codes français et lois usuelles civiles et militaires*. Recueil spécialement destiné à l'armée (12ᵉ mille). — In-32 de 1166 pages, relié toile anglaise, titre or, 5 francs. (Henri Charles-Lavauzelle, éditeur.)

Recueil de la jurisprudence, par E. Corsin, capitaine de gendarmerie, officier d'académie. — In-8º de 400 pages, relié pleine toile, 3 francs. (Henri Charles-Lavauzelle, éditeur.)

Guide formulaire contenant plus de 40 formules de procès-verbaux appropriés à toutes les circonstances et répondant à tous les besoins, par Etienne Meynieux, docteur en droit, procureur de la République à Limoges (10ᵉ mille). — In-8º de 540 pages, relié pleine toile, 6 francs. (Henri Charles-Lavauzelle, éditeur.)

Police judiciaire (1). Officiers de police judiciaire. Moyens d'information. Procès-verbaux. Constatations. Instructions dans les cas ordinaires et dans les cas de crimes ou de délits flagrants. Attributions et devoirs des commissaires de police. Notions générales sur l'organisation et la composition des juridictions pénales (valeur relative) 3

---

(1) MINISTÈRE DE LA GUERRE. — *Code de justice militaire pour l'armée de terre* (9 juin 1857) (édition officielle mise à jour des textes en vigueur jusqu'au 1er juillet 1896). — In-8°, 184 p., avec annexes, formules et modèles, br., 1 fr. 50; relié, 2 fr. 25.

Code manuel de justice militaire pour l'armée de terre (2e édition). — In-32 de 416, p., cart. 2 francs; relié, 2 fr. 50.

La police judiciaire militaire en temps de paix et en temps de guerre, par Emile Loyer, colonel de gendarmerie (2e édition). — In-32, 340 p., cart. 2 francs.

Guide-mémoire pour la *constatation des crimes et délits*, par Iverlet, commissaire de police. — In-18, 648 p., 7 fr. 50.

Vade-mecum à l'usage *des commissaires de police et inspecteurs spéciaux, des commissaires de police, des officiers et chefs de brigade de gendarmerie et de tous les représentants de l'autorité,* par A.-H. Heym, commissaire de police. — In-18, 110 p., 2 francs.

Principes de droit criminel, administratif et de médecine légale, par F. Pellegry, lieutenant de gendarmerie. — In-18, 192 p., 4 grav., 2 francs.

§ VII

Valeur des notes attribuées à chaque épreuve.

Afin d'arriver à une appréciation exacte du mérite relatif des candidats, il est attribué à chacune des parties du programme une note exprimée par des chiffres qui varient de 0 à 20 et qui ont respectivement les significations ci-après :

0 à 5 . . . . Médiocrement.
5 à 10 . . . . Passablement.

12 13 14................ Assez bien.
15 16 17................ Bien.
18 19................ Très bien.
20................ Parfaitement.

Chacune de ces notes est multipliée par les nombres coefficients exprimant la valeur relative de la partie du programme à laquelle elle se rapporte.

La somme de ces produits forme le total des points obtenus pour l'ensemble des épreuves.

Une commission supérieure est instituée au ministère de l'intérieur pour l'examen des épreuves écrites. Les membres de cette commission sont nommés par le Ministre. Ils dressent une liste des candidats à admettre aux épreuves orales, d'après le nombre des points qu'ils auront obtenus et égale au double des vacances prévues dans le courant de l'année.

§ VIII

Dispositions diverses.

Immédiatement après les épreuves orales, le Président de la commission enverra au ministère de l'intérieur (Direction de la Sûreté générale), accompagnés du procès-verbal de cette opération, des tableaux individuels constatant le résultat de ces épreuves.

Une copie du procès-verbal sera déposée aux archives de la préfecture où siégera la commission.

Le Ministre de l'intérieur arrêtera une liste d'admissibilité aux emplois de commissaire de police, de commissaire et d'inspecteur spécial de police sur les chemins de fer. Cette liste sera composée des candidats qui auront obtenu le plus grand nombre de points dans les épreuves écrites et orales. Le nombre des candidats définitivement déclarés admissibles sera égal au nombre des vacances prévues dans le courant de l'année. Les candidats, admis ou non, seront avisés immédiatement de la décision prise à leur égard.

§ IX

Stage

Les candidats classés reçoivent après l'examen une éducation professionnelle. Avant d'être nommés, ils font un stage de dix-huit mois comme inspecteurs ou secrétaires dans les commissariats des grandes villes de province. Ils suivent les commissaires locaux dans leurs opérations, les assistant et s'initiant en même temps eux-mêmes à la pratique du métier. Des leçons théoriques sur la police administrave et judiciaire leur sont faites.

Après avoir fait leur stage, ils sont, suivant les besoins du service et leurs aptitudes, nommés commissaires après avoir, toutefois, satisfait à un nouvel examen.

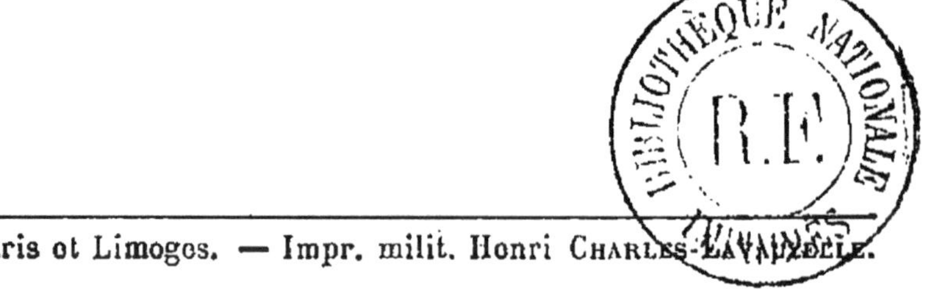